生肖

洋洋兔 编绘

泰山出版社 · 济南 ·

图书在版编目（CIP）数据

生肖 / 洋洋兔编绘. -- 济南 : 泰山出版社,
2020.12
（漫游中国系列）
ISBN 978-7-5519-0181-9

Ⅰ. ①生… Ⅱ. ①李… ②洋… Ⅲ. ①十二生肖—儿
童读物 Ⅳ. ①K892.21-49

中国版本图书馆CIP数据核字（2020）第220359号

责任编辑 池 骋
装帧设计 洋洋兔

SHENGXIAO
生 肖

出版发行： 泰山出版社
社　　址：济南市泺源大街2号　邮编：250014
电　　话：综 合 部（0531）82023579　82022566
　　　　　市场营销部（0531）82025510　82020455
网　　址：www.tscbs.com
电子信箱：tscbs@sohu.com
印　　刷： 朗翔印刷（天津）有限公司
开　　本： 190mm×210mm　24开
印　　张： 1.5
字　　数： 80千字
版　　次： 2021年1月第1版
印　　次： 2021年1月第1次印刷
标准书号： ISBN 978-7-5519-0181-9
定　　价： 20.00元

目录

1 生动的纪年与美好的祝愿
2 生肖纪年法
4 生肖为什么是十二个
6 十二生肖为什么是动物
8 狡猾机灵的子鼠
10 勤耕不辍的丑牛
12 威严骁勇的寅虎
14 可爱软萌的卯兔
16 腾云驾雾的辰龙
18 灵活善变的巳蛇
20 矫健温驯的午马
22 温和善良的未羊
24 活泼机灵的申猴
26 爱岗敬业的酉鸡
28 忠诚勇敢的戌狗
30 憨厚豁达的亥猪

鼠、牛、虎、兔、龙……阿朵朵，十二生肖里有北极熊吗？
没有吧，我还没听说过属北极熊的人呢……不过为什么没有呢？咱们去《生肖》里找找答案吧！
生肖

生动的纪年与美好的祝愿

小朋友，你的属相是什么？是灵巧机敏的鼠，还是可爱软萌的兔？又或者是温和善良的羊呢？

属相，又叫生肖，是与十二地支相配、用来记录人的出生年月的十二种动物。人在哪一年出生，属相就是当年地支所对应的动物，比如 2021 年（农历）是辛丑年，那 2021 年出生的宝宝就都属牛。

“生肖”一词中，生的本义是出生，肖的本义是神似，生肖二字合在一起，说明人在神态、性情、品格方面与当年的属相动物有某种相似性。这是一种美好的比喻，表达了人们对新生宝宝的祝福，也诠释了中华文化中“人生而不同，各有擅长、各有奇妙”的豁达见解。

十二生肖是怎么来的？为什么是十二而不是十三、十四种动物？这十二种动物又是怎么选出来的呢？现在就和灿烂熊与阿朵朵一起，去解开这些疑问吧！

生肖纪年法

过年时，庙会上热热闹闹，到处摆着春联、窗花、门神年画等各种年货，还有各种好吃的。其中每年都会有一种小动物大受欢迎，贴画、摆件、布偶都是它的形象。在街上遇到亲朋好友，人们都还会互道一句“鸡年大吉”“狗年吉祥”这样的祝福语。那么，这些小动物代表的是什么呢？“鸡年”“狗年”又是指什么呢？其实呀，就是生肖纪年法。

把十二地支与十二种动物对应搭配起来，便得到了子鼠、丑牛、寅(yín)虎、卯(mǎo)兔、辰龙、巳(sì)蛇、午马、未羊、申猴、酉(yǒu)鸡、戌(xū)狗、亥(hài)猪这十二生肖。

生肖纪年法每十二年一循环。如果两个同属相的人比岁数，他们的年龄可能要相差十二岁甚至二十四岁。比如，1984 年（甲子年）出生的人属鼠，那么十二年后，1996 年（丙子年）出生的人也属鼠。

趣生肖

本命年

一个人生在农历的哪一个生肖年，那个生肖年就是他的本命年。十二生肖循环往复，自我们出生起，每过十二年，都会遇到自己的本命年。

生肖为什么是十二个

小朋友，你有没有过这样的疑问，为什么生肖是十二个？为什么不能再给其他可爱的小动物一个位置呢？

这与古代的天文历法密切相关。日月更替，古人观察记录月亮的阴晴圆缺，发现一年中月圆十二次，所以将一年分为十二个月。《周礼》中说，时间的分割以十二累进，一纪有十二年，一年有十二个月，一天有十二个时辰。

《左传》又有记载：“周之王也，制礼上物，不过十二，以为天之大数也。”所以，在古人看来，十二为“天之大数”，万事万物都与十二或者十二的倍数有关联。

天文历法上有十二时辰、十二月，音乐有十二律，杂剧著录分类十二科，人体有十二经络，中医有十二官……

兵法有三十六计，《西游记》里的孙悟空会七十二变，《水浒传》里有一百单八将，还有俗语“三百六十行，行行出状元”。这样看来，与天文息息相关的数字十二已扎根在古人观念中，成为中华文化的一部分。因此，生肖取十二个，再合适不过啦！

十二生肖为什么是动物

十二生肖为什么选择以动物为主角，不选植物、矿物、山川大泽呢？这与古人的“动物崇拜”有关。

远古时期，人们的生活与动物密切相关，一方面要躲藏和抵御动物的攻击，对动物有畏惧感；另一方面又要依赖动物，通过捕杀动物来获取食物。远古人类认为动物和人一样有思想、感情和灵魂，所以崇拜动物。这影响了十二生肖的选择。

牛、马、羊、鸡、狗、猪是古人最为重视的六畜。百姓以耕地为生，希望五谷丰登、六畜兴旺。无论是耕地、看家，还是作为交通工具或食物，人们的生活都离不开它们，因此，六畜都在十二生肖之列。

虎、蛇是自然界中常见的凶猛危险的动物，古人在野外活动时最怕它们；兔子和猴子十分可爱，有时也被古人视为吉祥之物；老鼠不用说啦，与人类关系密切，有粮食的地方一定有它们的身影。龙是华夏族的图腾，它占据十二生肖中的一个位置是毋庸置疑的。

至于为什么没有猫呢？这是因为我国驯养猫的时间较晚。汉代以前，野猫的数量很少，还多活动于野外，与人类的关系并不亲密。史书中记载了一次周武王打猎的结果："武王狩，禽虎二一有二，猫二，麋（mí）五千二百三十五……"证明了这一点。等到古人开始驯化猫来捕鼠的时候，十二生肖已经确定了。

狡猾机灵的子鼠

“小老鼠，上灯台，偷油吃，下不来。喵喵喵，猫来了，叽里咕噜滚下来。”听过这首儿歌的你一定想到了那个窸(xī)窸窣(sū)窣的身影。鼠是啮(niè)齿动物，品行不端，从古到今最拿手的便是打洞和偷吃粮食。

在长期与老鼠斗争的过程中，古人想出了一个“以火救火”的方法，把老鼠奉为“仓神”，也叫“大耗(hào)星君”。古人将农历正月二十五定为填仓节，农户、米贩填满谷仓，祭祀仓神，祈求仓神关照。

填仓节

时辰与生肖

子时

23:00 ~ 1:00

安静而又黑漆漆的深夜是老鼠最活跃的时候。

鼠排在十二生肖的首位，除了因为它在夜间活动之外，还与它开天辟地的英雄形象有关。开天辟地的不是盘古吗？这正是有趣的地方呢，原来民间还流传着“鼠咬天开”的神话传说。

传说在很久以前，天地之初，混沌初开，世界一片漆黑。老鼠勇敢地把天咬开一个洞，太阳的光芒初现，天地分开，万物生长。老鼠由此成为开天辟地的英雄、生育万物的子神。

逢年过节时，人们会用剪纸剪出老鼠咬破合碗或顶开合碗的图案，以合碗象征天地。

“鼠咬天开”剪纸

字体演变

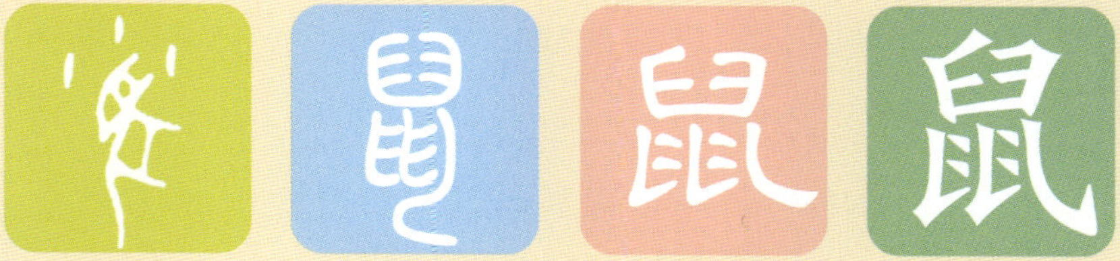

甲骨文　篆书　隶书　楷书

勤耕不辍的丑牛

牛是人类最早驯养的动物之一，我国驯养牛的历史距今已有 5000 多年。在古人的生活中，处处可见牛的身影，比如吃肉、祭祀、骑乘和耕地等。

说起吃肉，大家听说过庖丁解牛的寓言故事吗？厨师丁为梁惠王宰牛，技艺精湛，令人惊叹。“庖丁解牛”比喻经过反复实践，掌握了事物的客观规律，做事得心应手，技巧运用自如。

庖丁解牛

时辰与生肖

丑时 1:00 ~ 3:00

此时是牛开始反刍，准备上岗耕地的时间。等到了早晨，农户再给它们喂食，以便白天好好干活。

不仅如此，牛与人类的关系最为密切，是人类得力的助手。在马车普及前，牛车可是很古老的交通工具，缺马的地区或无须急行的驿运，人们会选择坐牛车或者骑牛代步。

牛车

牛挽犁

种粮食离不开耕地，古人一开始用的是人拉犁，后来有了牛挽犁，不仅使耕地面积扩大了，还非常省力。牛不仅是农民的好帮手，有时还能成为战士的好帮手呢！田单的火牛阵不就大败了燕军吗？此外，为了管理国家所有的牛在祭祀、军事等方面的使用，周代还设有“牛人”一职。牛自古就在人们生活中占据重要的位置，所以成为十二生肖之一不足为奇。

火牛阵

甲骨文

金文

篆书

威严骁勇的寅虎

小朋友画虎时一定要给虎添加的特征是什么？没错，是额前的“王”字花纹。在中国漫长的历史岁月中，虎一直被视为百兽之王、丛林之主，它凶狠危险，却也威严勇猛，是正义的象征。

正因如此，古时的军队处处可以看到虎的标志和符号。古时将军的营帐叫“虎帐”，英勇善战的将士叫“虎将”。

虎帐

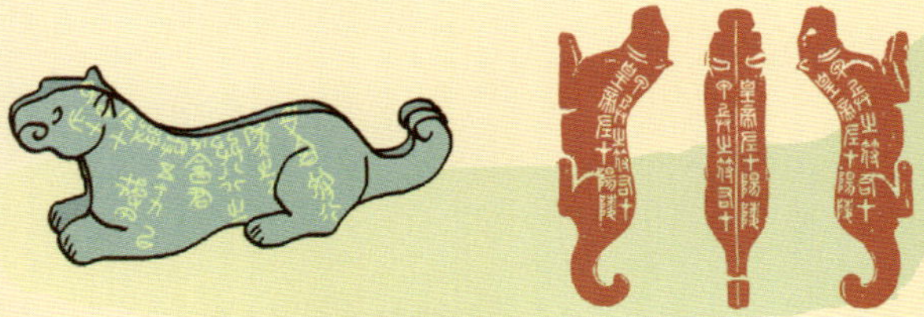

虎符

战士出兵作战时的刀剑、盾牌和战车上，也常刻虎、画虎。调兵遣将的信物也叫“虎符”。古人用青铜或黄金雕刻成虎的形状，左符由带兵将领持有，右符由大王或皇帝持有，两符合在一起才能调动军队。

时辰与生肖

寅时 3:00 ~ 5:00

古人认为老虎往往会在昼夜交替之时活动，而且经常在此时听到虎啸声，于是把寅时与老虎联系起来。

其实，老虎在军队中随处可见也源于远古的星宿崇拜。在我国古代神话中，白虎、朱雀、玄武和青龙为四方之神灵，被称为“四象”。

虎头帽

古人认为白虎是一种主兵家之事的祥瑞。所以，现在民间仍有画虎辟邪的习俗。无论是门扇上的老虎，还是虎头帽和虎头鞋，它们都饱含着人们消灾辟邪、求取平安健康的愿望。

年画

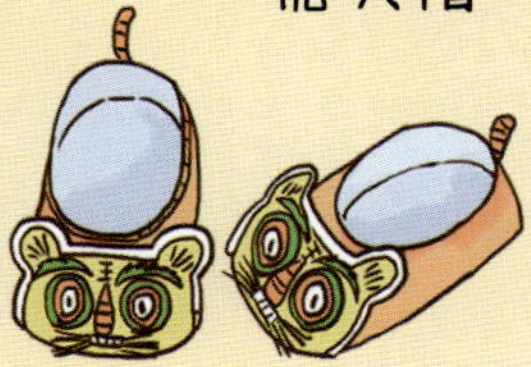

虎头鞋

字体演变

甲骨文

金文

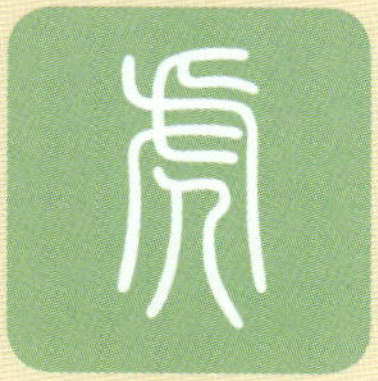

篆书

可爱软萌的卯兔

“小白兔白又白，两只耳朵竖起来，爱吃萝卜爱吃菜，蹦蹦跳跳真可爱。”这首儿歌伴随我们成长，让我们记住了兔子乖巧可爱的外形和机灵敏捷的性格。

时辰与生肖

卯时

5:00 ~ 7:00

天亮之际，兔子出窝，它们喜欢吃带有晨露的青草。

我国养兔的历史可以追溯到 3000 多年前，甲骨文的“兔”字正是兔子长耳短尾、前足短后足长的形象。

字体演变

甲骨文

篆书

隶书

兔子凭借大耳朵捕捉轻微的动静，判别危险。但古人不知道，兔子的眼睛长在头的两侧，视野虽然开阔，但两眼间距太大，往往要靠左右转动头部才能看清物体。万一在奔跑时来不及转头，兔子可能会撞到障碍物，所以才有战国时期宋国的农民守株待兔的故事吧。

守株待兔

民间也把可爱的兔子称作“瑞兔”“喜兔”。神话传说里，在寂静清冷的广寒宫陪伴嫦娥的便是一只兔子。后来北京民间把在月宫捣药的玉兔形象进行再创作，做成手工艺品，这就是兔儿爷啦！从古到今，关于兔子的剪纸、布偶、泥塑等手工艺品层出不穷，足见人们对兔子的喜爱，怎么能不把它排入十二生肖之列呢？

坐象兔儿爷　坐虎兔儿爷　骑麒麟兔儿爷　坐葫芦兔儿爷

腾云驾雾的辰龙

龙是十二生肖中唯一一个现实中不存在的动物，正因如此，更可见龙对中华民族的意义之重大。上古神话中，伏羲创造出龙图腾，开启中华文明，由此我们成为“龙的传人”。由其他动物特征组合而成的龙的形象是一种合作团结的象征，是中华民族精神的一个源头。

伏羲与龙图腾

农耕时期，龙图腾变为传说中的龙神，与麟、凤、龟一起被奉为“四灵”。龙为“鳞虫之长，能幽能明，能细能巨，能短能长。春分而登天，秋分而潜渊”。百姓向龙神求雨，以便春耕播种；求龙神震慑百虫，以防农作物被害虫侵害。民间的“二月二，龙抬头”由此而来。

秦汉以后，龙又成为帝王的化身。皇帝被称作是“真龙天子”，住龙庭，睡龙床，坐龙椅，穿龙袍。这样，龙的地位就更加显赫了。

真龙天子

舞龙灯

今天，我们依然会在元宵节或其他喜庆节日舞龙，祈求平安与丰收；端午节赛龙舟，纪念屈原。随着华人遍布世界各地，中国的龙文化也流传到海外，为丰富人类文明作出贡献。

时辰与生肖

辰时 7:00 ~ 9:00

此时一般容易起雾，传说龙能腾云驾雾。还有一种说法是云雾缭绕的场面会让人联想到龙翔九天的情景。

字体演变

甲骨文　篆书　隶书

灵活善变的巳蛇

大约 3 亿年前，爬行动物在地球上出现。之后爬行动物的队伍不断壮大，种类增多。据推测，约 1 亿年前，蛇已出现。可以说，远古人类与各种动物做斗争的时候，蛇是其中的一个重要对手。《韩非子 · 五蠹（dù）》里这样说：“上古之世，人民少而禽兽众，人民不胜禽兽虫蛇。”可见蛇给古人造成了极大的困扰。

翻开《山海经》可以发现，里面经常提到蛇，有黑蛇、青蛇、白蛇、赤蛇、黄蛇等许多种类，还有与蛇为伴、持蛇、御蛇的神人。我们熟知的夸父，在书中的形象其实是“珥两黄蛇，把两黄蛇”，更别说像伏羲、女娲一样的人面蛇身的创世神了。

甲骨文

金文

篆书

长期与蛇接触的过程，使古人对蛇产生了畏惧和崇敬的心理，于是，他们把蛇当作图腾，希望得到蛇的护佑。也有这样一种说法，传说中的龙就是神化了的蛇，所以在有些地方，生肖中的蛇被称为“小龙”，生肖中的龙被称为“大龙”。

时辰与生肖

巳时

9:00 ~ 11:00

大雾散去，艳阳高照，需要依靠晒太阳升体温的蛇此时正出洞觅食。

矫健温驯的 午马

马是六畜之首，与牛一样身兼多职，耕田、拉车、征战无一不能。后来因为轻便的步伐、疾驰的速度，逐步替代了牛成为人们常用的交通工具。如今路上奔驰的是车辆，古时飞奔的却是骏马，否则哪来的“车水马龙”呢？

不仅如此，马在古代还是财富、实力、地位的象征。秦汉以前，战车是军队的主要作战装备，马拉战车的数量成为衡量一国军事实力的标准。如果说千乘之国是二等军事强国，那万乘之国便是一等军事强国。

一乘：古代一辆四匹马拉的战车。

甲骨文

金文

篆书

人乘坐的马车也能显示地位。周朝根据马匹的数量，给马车制定不同的级别，不同身份的人，乘坐相应的马车，不能越级。

骏马骁勇矫健的身姿与忠诚温驯的性格深深吸引着古人。据史料记载，中国古代帝王几乎都爱骏马。秦始皇有“追风”“白兔”等七匹战马；唐太宗将爱马刻在陵墓的石碑上，以示纪念，这就是“昭陵六骏”；还有项羽的“乌骓 (zhuī)”、刘备的“的 (dì) 卢”、关羽的“赤兔”，都是不同凡响的名驹。

时辰与生肖

午时 11:00 ~ 13:00

烈日当空，只有强健的马可以四蹄飞奔。

温和善良的 未羊

羊是人类亲密的朋友，能为人类提供乳、肉、皮、毛，早在几千年前就已被驯化，为上古先民做着贡献。

羊在古代与美味息息相关。“美”这个字的上面是个“羊”，下面是个“大”，《说文解字》里说，美就是美味的意思，羊在六畜中主要用作膳食，羊大则肥美。再来看“鲜”字，左边一条鱼，右边一只羊，新鲜才美味呀！

字体演变

羊　　　　美

甲骨文　金文　篆书　　甲骨文　金文　篆书

羊在人们心中不仅是美味，也是“真善美”的代名词。它因为合群、善良、有义、知礼等品格被古人称为“德畜”。

羊是群居动物，易相处。

羊有角却不好斗，非常温和善良。

羊羔跪乳，出自《增广贤文》，意思是小羊跪着吃奶，表达知恩图报、孝敬长辈的美好品格。

时辰与生肖

未时

13:00 ~ 15:00

草上的露珠蒸发干净，正是放羊出来，让它们饱餐一顿的好时候。

此外，羊还是“祥瑞”的象征。古代“羊”通“祥”，“祥”有时写作“吉羊”，表示吉祥之意。所以，古人在门上挂羊头，交往中送羊，以羊作聘礼，都是为了取吉祥的好意头。具备那么多美好寓意的羊，可是十二生肖中的独一份。

活泼机灵的申猴

说起猴子，我们先想到的一定是齐天大圣孙悟空。勇敢直率、伸张正义的性格与精神使他成为许多人儿时的偶像、心目中的英雄。但人们起初是怎么看待猴子的呢?

猴是灵长类哺乳动物，聪明机灵、活泼好动，而且与人类“沾亲带故”。先秦时，已经有人驯养猴子。古人养猴，一来当作宠物，二来训练其表演杂耍，更重要的原因是用来避马瘟 (wēn)。古时的马厩 (jiù) 里总要拴 (shuān) 上只猴子，据说是因为猴子对马的疾病非常敏感，容易发现马的疾病，养猴子能预防马得瘟疫 (yì)。《西游记》中“弼 (bì) 马温”的官位就是来源于此。

而在源远流长的中华文化中，猴也是吉祥动物，经常在绘画、剪纸、雕刻等艺术作品中表达吉祥如意、富贵长寿等寓意。比如，猴子骑在马背上，取“马上封侯”之意；大猴背小猴，取“辈辈封侯”之意；猴子抱桃，取“健康长寿”的好意头。

时辰与生肖

申时

15:00 ~ 17:00

太阳偏西，温度适宜，猴子爱出来活动，啼叫个不停。

马上封侯

辈辈封侯

猴子抱桃

字体演变

甲骨文

金文

篆书

爱岗敬业的酉鸡

鸡是十二生肖中唯一的禽类，可见是非常特殊的。中国神话传说中，有一个地位仅次于龙的神兽——凤凰，便被认为取材于鸡的形象。上古先民选取孔雀、雉(zhì)鸡等禽类的某些特征创造出凤凰图腾，希望保佑部落吉祥太平。由此可以看出，鸡很早便进入人们的视野。

古代原鸡经过人工驯养进化为家鸡。东周时，我国出现了最早的养鸡场“鸡坡”。汉代的刘向在《列仙传》里专门写了一个“养鸡专业户”——祝鸡翁。他养鸡百年，有上千只鸡，还个个有名。

祝鸡翁养鸡

甲骨文　篆书　隶书

鸡被列入十二生肖的原因之一是古人认为鸡有五德。

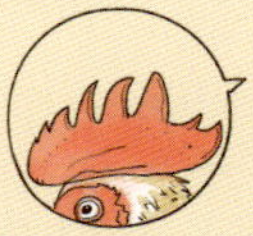

- 首戴冠——文德

公鸡华冠高耸，古代以此比喻文星高照。

- 敌在前敢斗——勇德

古人早就发现雄鸡好斗，春秋战国时斗鸡娱乐风靡盛行。

- 足搏距——武德

鸡腿后有个突出如脚趾的地方，搏斗的过程中可以重伤敌方。

- 见食相告——仁德

鸡啄食，还咯咯地叫来其他鸡一起吃。

- 守夜不失时——信德

雄鸡每天按时报晓，守夜有时。

古代没有钟表，古人早晨靠鸡鸣报晓，因此鸡还有“知时畜”“司晨”等别称。战国时孟尝君被秦王扣留，后来依靠门客学鸡啼叫，让守城门的人以为天亮，提前开门，由此顺利逃出函谷关。

时辰与生肖

酉时

17:00 ~ 19:00

太阳落山，鸡该回窝了。天黑之后，危机四伏，不回窝的鸡就找不到了。

忠诚勇敢的戌狗

狗是人类忠实的朋友、熟悉的伙伴，在城市中、乡村里，随处可见它们的身影。古时它们与人的关系也如今天一般吗？是的，在《搜神记》中还有相关故事呢！

犬有湿草之恩

三国时期，吴国的李信纯有一条叫“黑龙”的狗。一天，李信纯在外面喝醉，睡倒在回家路上的草地里。恰在这时，一群猎人放火围猎，大火快烧到李信纯身边，可黑龙拉不动李信纯，就跳到附近的水沟里把全身弄湿，然后用身上的水将李信纯身边的草打湿，往返多次，救了李信纯。这就是“犬有湿草之恩”的典故。

甲骨文

金文

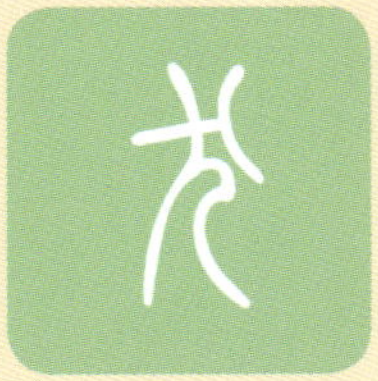

篆书

其实，狗是最早被人类驯养的动物之一。早在 1 万多年前，狗就已被人类驯养。因为它们有灵敏的听觉和嗅觉，人们用它们来帮助狩猎。

之后，狗有了牧田、看家护院、祭祀等多种作用，古人也采取各种措施来安置和管理有重大作用的犬类。周代有“犬人”一职，专门负责挑选合适的狗以供祭祀；汉代有“狗监”，就是掌管皇帝猎犬的官员；唐代有“狗坊”，是专为皇帝饲养猎犬的官署。

时辰与生肖

戌时

19:00 ~ 21:00

忙碌一天的人们准备休息，午睡起来的狗开始值班，到门前守护。

憨厚豁达的亥猪

猪在古代有许多表达方式，“豚”是小猪，“豝”(bā)是母猪，“豭”(jiā)是公猪。而“豕”(shǐ)，指的是长嘴、大肚皮、大耳朵的猪，凡是带“豕”的字，大多与猪有关。

甲骨文　金文　篆书

再看“家”这个字，上面是“宀”，表示与室家有关，下面是“豕”，即猪。古代生产力低下，人们在屋子下面养猪，久而久之，房子里有猪成了家的标志。猪是人们肉食的主要来源之一，在古时常用于祭祀，后来也成了家中富有的象征。

在古人的心目中，猪是憨(hān)厚笨拙、饭量巨大的形象。这不由得让我们想起《西游记》中的猪八戒，肥头大耳，肚大如鼓，可以说是家喻户晓的猪形象了。

猪八戒

爱干净的猪

然而，我们不知道的是，经科学家的测试，猪非常聪明，在某些方面超过狗，甚至媲(pì)美黑猩猩。而且，有些专家认为，猪爱干净的程度超过了猫和狗。大家经常看到猪一身污泥，是因为它们没有汗腺(xiàn)散热，为了保持凉爽，只好经常在泥里打滚。

时辰与生肖

亥时

21:00 ~ 23:00

夜深人静，只能听见猪打鼾的声音。